Berwangen, 4. Januar 2011

hildegard könig · jürgen föller

mach dich auf und lebe
psalmengedichte und meditationen
zum heilwerden

Lieber Werner.
Verbunden im glauben
an den einen Herrn

grüßt Dich herzlich

Jürgen

hildegard könig · jürgen föller

mach dich auf und lebe

psalmengedichte und meditationen
zum heilwerden

 BEURONER KUNSTVERLAG

Umschlagabbildung: Jürgen Föller
„spiritus creator", Mischtechnik, 80 × 80 cm

Zu Gedicht „namhaft gemacht" (Seite 26, 27):
1998 veröffentlicht in:
Reiß mich in deine Zukunft. Mit Frauen der Bibel beten.

Gedichte von Gabriele Miller – „menschenwürde" (Seite 52 ff.)
und „zuflucht im alter" (Seite 74 f.)

Impressum:
mach dich auf und lebe
© Beuroner Kunstverlag, 2009

© Texte: Hildegard König, Gabriele Miller
© Bilder: Jürgen Föller
Gestaltung und Herstellung: Präsenz Medien, Gnadenthal
Gesamtherstellung: Beuroner Kunstverlag, D-88631 Beuron

Druckerei: freiburger graphische betriebe
ISBN: 978-3-87071-200-6

inhalt

heilwerden in der welt

heilwerden über die jahre

... lebe!

Eine Aufforderung, eine Ermutigung steht am Anfang dieses Buches. Ich möchte mir dieses Wort nicht anmaßen. Wer von uns hat das Recht und die Verfügungsgewalt über Leben? Wer kann einem oder einer Anderen ernsthaft befehlen oder auch nur anraten zu leben? Lebe! Und doch steht dieser Imperativ im Titel – als Zitat: Lebe! Ein Gottesspruch aus Prophetenmund: ... ich sah dich strampeln in deinem Blut, und ich sprach zu dir in deinem Blut: Lebe! (Ez 16,6).

Was vormals zur Stadt Jerusalem gesagt wurde, kann uns heute ganz persönlich betreffen: Lebe! Dieser Zuspruch gilt dem ins Dasein geworfenen Menschen. Den Schicksalsschlägen ausgeliefert und bei allem Bemühen in seinen Grenzen gefangen, sich abstrampelnd zwischen Glück und Leid wird ihm unter allen Umständen das Leben zugesagt: Leben in Fülle (Joh 10,10) über das Menschenmögliche hinaus.

Die Psalmengedichte und poetischen Meditationen, die in diesem Buch zusammengetragen sind, spielen diese Lebenszusage in verschiedenen Tonarten durch. Sie richten sich an Leserinnen und Leser, die sich am Leben abstrampeln, sei es am eigenen oder am anvertrauten. Sie richten sich an Kranke, ihre Angehörigen und Freunde. Und sie richten sich an all jene Frauen und Männer, die ihr medizinisches Können, ihre pflegerische Erfahrung, ihre therapeutische und seelsorgerliche Begabung dafür einsetzen, ein durch Krankheit und Verletzung gefährdetes und infrage gestelltes Leben zu ermöglichen, mit und gegen allen Vorbehalt bis zuletzt.

Viele Texte in diesem Buch stehen in der Tradition der biblischen Psalmen, die Lieder zum Leben sind. Von ihnen nehmen sie ihre Gedanken, ihre Haltung zum Leben und Sterben und ihre Hoffnung, dass jenes ‚Gott' genannte Du, liebevoll nahe und hörend, auch das leiseste Rufen, das zaghafteste Gebet und den verstummenden Dank und Lobpreis vernimmt. Wie die Psalmen sprechen sie vom Leben, vom

Leben, das mehr ist als Krankheit, Leiden und Hilflosigkeit. Sie sprechen von Heilwerden, das über die Heilung einer Krankheit oder eines Gebrechens weit hinausgeht.

Ich danke Gabriele Miller für ihre Dichtungen zu den Psalmen 8 und 71. Sie kennt die Beschwerden eines hohen Alters; eine alltägliche Erfahrung, die sie nicht auslässt. Und doch besingt sie die Schönheit der Schöpfung und die Würde des Menschen, die in jener Liebe gründet, die alles und alle trägt und leben lässt: die Kranken wie die Gesunden, die Schwachen wie die Starken, die Jungen und die Alten.

Ich danke Jürgen Föller, der mit den Farben und der Kraft seiner Bilder die Texte dieses Bandes begleitet, ihre Stimmung und Tönung aufnimmt und sie in seine Sprache übersetzt.

Im Juni 2009,
Hildegard König

widmung

Erinnerung an Beate:
Beate war eine Freundin,
die mir mit jeder unserer Begegnungen
mehr ans Herz gewachsen ist.
Beate war geistreich und lebenslustig,
musikalisch und tiefgründig.

Irgendwann kamen die Schmerzen
und gingen nicht wieder.
Rückenschmerzen, eine Art, die ihr fremd war.
Deswegen Arztbesuche, Untersuchungen.
Dann der Befund: Pleurakarzinom.
Beate hatte Krebs,
eine Diagnose wie ein Fausthieb,
wie ein Schlag, der zu Boden streckt.
Ein Alptraum, niederschmetternd und lähmend.
Nicht nur sie, auch ihre Familie
fassungslos und hilflos
vor der Wucht des Entsetzens:
Schreckstarre und Konfusion
zwischen Hoffen und Bangen.

Und jetzt?
Wie umgehen mit vagen Vermutungen
über Krankheitsverlauf und Heilungschancen?
Wie die Blicke der Ärzte deuten,
die Mienen und Gesten der Pflegenden?
Was geben sie preis, was verbergen sie?
Sind sie ehrlich? Ist ihnen zu trauen?
Und wie den Kampf aushalten,
der im Herzen tobt?

Die Angst,
die im hintersten Winkel der Seele lauert
und auf ihre Stunden wartet,
da sie sich auswachsen kann
zu einer zentnerschweren Dunkelheit,
die sich auf die Brust setzt
und den Atem raubt.
Der Lebenswille,
der jede Körperzelle durchbebt,
der aufbegehrt gegen solches Verhängnis:
Rebellion, Wut und Trotz.
Das darf doch nicht wahr sein!
Und wenn, warum gerade ich?

Es war Frühling,
als Beate zum Kampf gegen den Krebs antrat.
Sie erlebte ihren Karfreitag
leibhaftig hier und jetzt:
Schlechte Prognose.
Sie erlebte ihr Ostern:
Der therapiegeschwächte Körper
sog die Farben, das Licht und den Gesang
der wieder erwachenden Natur
und ihr Herz erzählte ihr vom Leben
und von der Auferstehung.

Wir redeten, wann immer wir zusammentrafen,
über Gott und die Welt,
über unsere Lebensgeschichten,
die so verschieden waren
und sich doch berührten:
Seelenverwandtschaft am Grund
eines ostdeutschen und eines westdeutschen Lebenswegs.

Es war die Erfahrung solcher innerlichen Nähe,
die mich ermutigte,
Beate Psalmengedichte zu überlassen,
die ich in den vergangenen Jahren verfasst hatte.
Im Schreiben hatte ich einen Weg gefunden,
unausgesprochene Fragen und Zweifel,
die ich in Gesprächen mit Kranken
intuitiv vernahm,
in Worte zu fassen
und ihnen dadurch Gehör zu verschaffen.
Erstaunt und dankbar
konnte ich erleben,
dass diese Texte eine Brücke bildeten,
über welche Kranke und Gesunde zueinander kommen
und miteinander gehen konnten,
auch den schweren Weg ins Sterben.
Auch mit Beate war es so.
Wir konnten uns den letzten Dingen,
den unsäglichen Themen stellen.

Sie musste die letzten, notvollen Schritte
des Abschiednehmens und Loslassens,
die Schritte ins Ungewisse Erhoffte
nicht einsam gehen ...
Den letzten Schritt freilich ging sie alleine.
Sie trat durch die Tür
an einem Festtag,
dem Fest der Darstellung des Herrn,
am 2. Februar 2009.

blütenpracht
öl, 50 × 70 cm

blütenpracht

heilwerden im alltag

montagssegen

montagssegen

eine kleine portion segen
dir für die woche eingepackt:
ein lachen gegen wichtigtuer
eine fuge gegen lärm
einen roten faden gegen ablenkung
einen leichtsinn gegen druck
einen aufreger gegen langeweile
eine umarmung gegen kälte
und ein fenster im herzen
durch das ein streifen licht
vom himmel fällt.

spurensuche

spurensuche

an einem toten punkt
komme ich weiter
wo ich nicht mehr will
mache ich den nächsten schritt
zwischen lärmenden klingeltönen
höre ich den gesang der stille
hinter den fassaden
erkenne ich gesichter
in meinem selbstbewegten herzen
finde ich deinen namen eingeschrieben
heilig und schön

aus den tiefen

bin ich
von allen guten geistern
verlassen
ich rufe niemand hört
ich frage niemand antwortet
ich zweifle niemand erklärt sich
ich bin
geworden
zum fall
zum kostenfaktor
zum problem
ich störe
weil ich
keine rolle spiele
die erwartungen nicht erfülle
nicht ergeben hinnehme
was verordnet wird
weil ich
wut und enttäuschung
über diese umstände hier
nicht bei mir behalte
niemand auslasse
nirgends
bin ich
von allen guten geistern
verlassen

lassen-litanei

gott-sein-lassen
zeit-vergehen-lassen
fragen-offen-lassen
nachdruck-vermissen-lassen
gelegenheiten-aus-lassen
lieb-gewordenes-los-lassen
andere-machen-lassen
vorgaben-weg-lassen
dringliches-bleiben-lassen
ziele-fallen-lassen
leere-zu-lassen
stille-ein-lassen
zuerst
sich-selbst-lassen
dann
ist-alles-gelassen

bedrängnis
öl, 70 × 80 cm

bedrängnis

heilwerden in krankheit

namhaft gemacht

Und eine Frau litt an Blutfluss
seit zwölf Jahren
und konnte von niemand geheilt werden.
Sie trat von hinten an ihn heran
und berührte den Saum seines Gewandes.
Und sofort hörte die Blutung auf (Lk 8,43–44).

DIR
bin ich nicht
namenlos
wie in ihren geschichten
über mich
DU
kennst mich
hast mich
namhaft
gemacht
... gepriesen seist
DU
willst mich nicht klein
entgegen ihrem bild
von mir:
unscheinbar
hingekauert
wie ein hund
nach dem mantelsaum
schnappend
DU
machst mich groß
greifst nach mir
umwerfend

sie begreifen nicht:
furcht und zittern
doch
DU
hast mich erschüttert
bis ins mark
... gepriesen seist
DU
weichst nicht aus
vor der schwärenden wunde
wie die anderen
angeekelt
und
verdrossen
über mein leiden
und ihre eigene
hilflosigkeit
DU
hast
für mich heillose
einen
der heilt
... gepriesen seist
DU
bietest
mich zu heilen
alle kraft auf
lässt mich
handgreiflich werden

ihn anrühren
schamlos
im gedränge
der unberührbaren
entkräftendes geschehen
das ihn
nicht kalt lässt:
wer hat mich berührt?
... ich ...
geh in frieden
... gepriesen seist
DU
preisen will ich
DICH
ganz
wie ich bin
denn
DU
stillst mehr
als den blutenden schoß
ein wehes herz
ein wundgeschlagenes
leben
... gepriesen seist
DU

heile mich

nach psalm 6

1   ein psalm in krankheit

2   DU
    straf mich nicht
    in deinem zorn
    schlag mich nicht
    in deinem grimm

3   sei mir gnädig
    DU
    ich sieche dahin
    heile mich
    DU
    denn meine glieder
    zerfallen

4   meine seele
    ist ins mark getroffen
    DU
    aber
    DU
    bis wann noch –

5   DU
    kehre wieder
    DU
    befreie meine seele
    rette mich
    um deiner gnade willen

6   denn bei den toten
    gedenkt man deiner nicht
    in der unterwelt
    wer wird dich preisen

7   müde bin ich
    von meinem seufzen
    allnächtlich
    schwemme ich mein bett
    überschwemme mein lager
    mit tränen

8   stumpf
    meine augen
    vor kummer
    im stieren
    auf meine bedrängnis –

9   weicht von mir
    ihr widersacher
    GOTT
    hat die stimme meines weinens
    gehört

10 mein flehen
    gehört
    mein beten
    angenommen

11 zuschanden und
    ins mark getroffen
    alles
    was mir feind ist
    kehrt sich hinweg
    ganz zuschanden

6,2

... straf mich nicht ...
... schlag mich nicht ...

will nicht glauben
dass DU
mich strafst und schlägst
mit krankheit
will nicht rechnen
mit zorn und grimm
wenn DU
mich anrührst
will DIR zugute halten
dass meine erfahrungen
anders reden
und
meine hoffnung
einspruch erhebt
gegen ein solches bild
das
DU selbst
verbietest

6,3

... heile mich ... DU ...

annehmend
ich sei gesund
hab ich mir
wenig gedanken gemacht
ums heil sein
nun
annehmend
dass ich krank bin
frage ich mich
was heil
sein könnte
zwischen mir
und DIR
gesund werden
und vielmehr
heil
durch DICH

6,4

... meine seele ist ins mark getroffen
DU aber DU bis wann noch –

was bleibt
jenseits
alltäglicher gewissheit
jenseits
selbstinszenierten lebens
jenseits
fraglos hingenommenen glücks
wenn nicht
ein dunkler nebel
unsicherheit
selbstverlust

6,5

DU kehre wieder
befreie meine seele

derart
ans bett gebunden
abhängig von anderen
meinen zweifeln ausgesetzt
und ausgeliefert
an einsames warten
und sein böses gefolge
bitte ich
DU
kehre wieder
nimm mir
den druck von der seele
richte
die niedergeschlagene
auf
öffne mir
ein fenster
voll leben

6,6

... denn bei den toten
 gedenkt man deiner nicht ...

ich habe angst
gehen zu müssen
jetzt
aus all dem unerledigten heraus
ungeordnet
ohne abschied

ich habe angst
nicht mehr auf die füße zu kommen
jetzt
wo ein weg noch vor mir liegt
unbeschritten
ohne auskunft

ich habe angst
DICH zu verpassen
jetzt
wo ich auf DICH komme
unvermittelt
ohne absicht

jetzt
brauche ich leben
für mich
und DICH
zum preis
tote
gedenken
nicht
DEIN
nicht
mein

hoffnung
acryl, 80 × 80 cm

hoffnung

6,7

müde bin ich vom seufzen ...

warum nicht
einfach aufgeben
alles fallen lassen
schluss machen
klappe zu und fertig

6,8

es ist genug
nebulöse prognosen
vertröstungen
vage hoffnungen
es wird schon wieder

... stieren auf meine bedrängnis

fixiert
auf mein leid
auf das warum
und wenn es nichts mehr wird
ohne antwort
schreit mein herz
vergeht mir
und ein entsetzen
jede lust
durchschlägt meinen leib
am leben
wie ein peitschenhieb
nichts und niemand
macht mich
ich bäume mich auf
wegschauen
und ich falle zurück
ich kreise um mich
ebbe und flut
selbst
meine tränen
verteidige
bittere wut
meine insel
ein häuflein elend
und DU
und richte mich
wo bist DU
häuslich ein
jetzt
zwischen
wo ich halt brauche
unmut
entgleitest DU mir
und
auf nichts
trotz
ist mehr
mir ist
verlass
nicht
zu helfen

6,9

weicht von mir ...
... widersacher ...

weicht widersacher
aus meinem herzen
wo ihr nistet
als hättet ihr anspruch
treibt
im finstern
euer spiel
mit meinem leid
schert euch fort
nehmt mit
was euch eigen ist
böser ahnung
niedertracht

das weinen
hat ein ende
und jeder herzschlag
verspricht
einen andern gast
der kommen
und bleiben
mag
solange GOTT will

6,10

... angenommen

wohin
diese reise
mich führt
weiß nicht
wohin
breche ich auf
und wo
komme ich an
weiß aber
von DIR
DU
bist da
und bleibst
wo
ich bin
gehört
und
angenommen

6,11

... was mir feind ist
   kehrt sich hinweg

nichts bleibt
hier und jetzt
alles vergeht
kein hauch von
widerwillen
auflehnung
empörung
hat bestand
über seine tage
hinaus
nur DU,
meine LIEBE,
bleibst
im kleinen wie
im großen
lässt mich
gewinnen
am ende

lebensbaum
öl, 150 × 180 cm

lebensbaum

heilwerden in beziehungen

schoßgebet

DU
quelle des lebens
zu früh
dahin
gegangen
ein leben
gelebt
geliebt
zu früh
DU
in DEINEN schoß
weine ich
meinen schmerz
stammle
mein warum
werfe
mein zerrissenes herz
in DEINEN schoß
DU
gibst und
nimmst und
triffst uns
ins mark
wenn DU
DEINEN himmel auftust
uns zu bergen
für immer
in DEINEM schoß

geistesgegenwart

Heiliger Geist wird über dich kommen
und Kraft des Höchsten wird dich überschatten
(Lk 1,35).

angenommen
das galt nicht nur
damals
das gilt auch
für dich und für mich:
dann wird GOTT mensch
in dir und mir
kommt
geistesgegenwart
in die welt
durch dich und mich
angenommen
du und ich
sagen wie
damals:
es geschehe

große wunde

ergriffen
auseinander
gerissen
stumpfer klinge
tiefer schnitt
verkehrt
lust in schmerz
bis
zuletzt
gräbt sich
ins herz
der fluch
mein los
sei
dein los
meine tochter
die klinge
in der hand
das blut
der schmerz:
niemals!

kleine wunde

nicht sprechen
darüber
ablenken
drohen
nimm
die hand
da weg
angst machen
ins gewissen
reden
beichten lassen
ich habe
keine lust
sagt
sie
hat recht
wie auch?

„brannte nicht unser herz ...“ (lk 24,32)
öl, 150 × 170 cm

„brannte nicht unser herz ...“

emmaus

schwarz
tragen wir
trauergewänder
schwer von sterben und tod
unter der dünnen haut
gefriert
der blick zu
dunkel
ziehen wir
richtung abend
fühllos
gegen das beiläufige leben
bis das licht
uns
sein zeichen
ins herz
brennt

liebeserklärung

liebeserklärung
nach psalm 116

ich liebe dich
DU
fand keine worte
nach dir zu schreien
doch DU
ganz zuneigung
hast gehört
meinen stummen ruf

wie gefesselt
lag ich
todgeweiht
in ängsten
hinabgezogen abgrundtief
am ersticken
vor bedrängnis und kummer

da stammelte ich
deine heilsamen namen:
leben geschenk treue güte ...
und mein eisiges herz
lag bei DIR
wie in wärmenden händen
geborgen
DU
hauchtest mir hilfe zu

mein herz
komm wieder zur ruhe
gutes ist dir getan:
dem tod entrissen
kein grund
weiter zu weinen
fasse tritt
auf dem weg
ins land der lebenden

ich liebe dich
DU

lebenshorizont
öl, 80 × 100 cm

lebenshorizont

heilwerden in der welt

menschenwürde

nach psalm 8,
übertragen und ausgedichtet
von gabriele miller

2 DU
über uns
und für uns da
DEIN name ist groß
auf der ganzen erde
DEINE hoheit
ist ausgebreitet
über den himmel

3 sogar
kinder und säuglinge
loben DICH
zum ärger DEINER gegner
alle die gegen DICH sind
werden stumm

4 seh ich den mond
und die sterne
werk DEINER finger
muss ich fragen

5 was ist der mensch
kind eines menschen
und DU nimmst
DICH seiner an

6 nur wenig geringer als gott
hast DU ihn gemacht
mit würde ihn gekrönt

7 zum herrn ihn gesetzt
über das was DEINE hände
gemacht
alles ihm zu füßen

8 alle schafe
und alle anderen tiere
auch die wildesten

9 dazu die vögel
und die fische
alles was hinzieht
am himmel
und in den wassern der meere

10 DU
über uns
und für uns da
DEIN name ist groß
auf der ganzen erde
DEINE hoheit
ist ausgebreitet
über den himmel

8,2

... DEIN großer name ...
　und meine nichtigkeit ...

was soll ich dazu sagen
was dazu stottern
DU bist so groß
so unfassbar
und noch mehr
und ich daneben
armselig und elend
bedauernswert
was soll ich neben DIR
die ganze erde
der ganze himmel
der ganze kreis der himmel
DU bist mehr als alles
mehr als ich mir ausdenken kann
was ich erwarten kann
all diese großen worte
machen mich stumm
alles was ich höre
deckt mich zu
was soll ich neben DIR
neben DEINER größe
DEINER erhabenheit
ich
neben DIR
DU
neben mir

8,3

wie groß DU bist

auch die kleinen
merken das
die säuglinge
die schreihälse
werden still
im staunen
diese größe
darf doch nicht wahr sein
doch alle die dagegen sind
die großen
schreihälse
widerlinge
widersacher
müssen den mund halten
bringen ihn nicht zu
vor staunen
es verschlägt
den lästermäulern
die sprache
nichts läuft
wie von ihnen geschmiert
vor DIR
läuft alles
muss alles so laufen
wie DU es gern hast
wie DU es willst
groß
wie
DU

8,4

was DU alles gemacht
– denkst DU auch an mich?

der himmel
wie groß
ich weiß es nicht
ich weiß nur
er ist das werk
DEINER finger
angst überfällt mich
bedenke ich
die kleinigkeit
von der hier
gesprochen wird
doch – das ist nicht alles
befestigt hast
DU
auch mond und sterne
als wäre auch das
nur eine kleinigkeit
das große weltall
alles DEIN werk
nur fingerspiel
für DICH
und ich
was bin ich
neben DIR
doch weniger
als eine kleinigkeit
und DU
denkst an mich?

8,5

nur eine kleinigkeit
und DU nimmst DICH meiner an

was ist der mensch
was bin ich
mitten im großen ganzen
nur ein nichts
nicht zu glauben
dass DU
DICH meiner annimmst
was bin ich
neben mond und sternen
neben allem
was DU
gemacht
nur eines menschen
kind
um das man sich
kümmern muss
das allein
nicht leben mehr kann
und vergessen
dass alles
auf der strecke bleibt
DU vergisst mich
nicht
denn für DICH sind wir alle
nur schreiende
kinder
auch ich
nur ein schreiendes
kind
alt und krank
DU
denkst an mich
kaum anzunehmen
aber wahr

8,6

nur wenig geringer als gott –
soll ein lob sein

böse ironie
so klingt es für mich
krank und hinfällig
wie ich bin
doch DU sagst
wir seien nur
wenig geringer
als gott
von DIR so gemacht
sollen wir glauben
und mit würde
und mit ehre
habest DU uns
gekrönt
ich merk davon
nichts
es geht mir schlecht
noch schlechter   DEINE behauptung also:
ohne DICH   nur wenig geringer
                        als gott
                        habest DU mich
                        gemacht
                        kaum anzunehmen
                        all meinen
                        glauben braucht es
                        noch mehr dazu

„ich habe den herrn gesehen …" (joh 20,18)
acryl, 80 × 100 cm

„ich habe den herrn gesehen …"

8,7

gottes werk
den menschen zu füßen

höre ich da
gott ist nicht
zu beschreiben
und dennoch sehe ich
DICH
in allem was
DU tust
die ganze welt
ist werk DEINER hände
und doch hast DU
sie den menschen
zu füßen gelegt
und wir treten sie mit füßen
kränken die geschöpfe gottes
und uns
machen krank
und werden selbst krank
und suchen verzweifelt
uns selbst zu heilen
und brauchen doch   DU bist der herr
die heilung von DIR   hast mir zu füßen gelegt
was nützt mein klagen   eine welt
mein gejammer   total verändert
     dann werden DEINE
     geschöpfe alle
     sich wundern
     DU unser herr
     nein
     DU unser herrscher
     heißt es im text

8,8

von menschen und tieren

aufgezählt
werden alle
die DU geschaffen
nicht nur
die wilden tiere
auch jene bei uns
zu hause
schafe und ziegen
samt den rindern
sie alle sind uns nahe
doch draußen
vor der tür
da sind die andern
die wilden tiere
auch sie gehören dazu
auch wenn sie nicht
mit namen
genannt
– man kennt sie ja
doch nicht mit namen –
egal sie sind
DEINE geschöpfe
auch wenn ich sie
mit namen
nicht kenne
auf alle fälle
sie sind wild
und dennoch
mir zu füßen

8,9

vielfalt
ohne ende

haustiere und
wilde tiere
sie alle sind
genannt
das alles
auch am himmel
auch im meer
gibt es geschöpfe
von DIR
dem himmel gehören
die vögel
und dem meer
die fische
auch jene die man
mit namen nicht kennt
die pfade der meere
wer kennt sie schon
bekannter
der ort der vögel
unüberschaubar
sind sie
mir wirds ganz angst
wenn ich daran
denke
das alles
mir zu füßen

8,10

DEIN name
ist groß

was wahr ist
kann nicht
oft genug besungen werden
von DEINER würde
DEINER großzügigkeit
zu singen
ist richtig
wahrer als vieles
was wir als großartig
bestimmen
anfang
und
ende
ein wechselgesang der
DEINE großartigkeit
DEINE großzügigkeit
immer wieder
mit tausend stimmen
zum klingen bringt
der auch aufweckt den
der geschlafen hat
der DEINEN
namen ebenfalls
besingen will
wie groß bist DU

offene rechnung

offene rechnung

zu psalm 30

30,1

erheben will ich DICH

ich will von DEINER größe sprechen
in den kleinlichen prognosen dieser zeit
angesichts
der fragwürdigkeit unseres tuns und lassens
mit DIR rechnen
auch wenn das bislang nicht aufgeht
DU
fremd und namenlos für mich
DEIN leben trage ich in mir
immer noch
und mein herzschlag buchstabiert
DEINEN namen
in seiner eigenen sprache

30,2

DU hast mich emporgezogen

wie oft herausgeholt
aus fallen
die ich mir selbst gestellt
aus sackgassen
in die ich mich verrannt
aus niederlagen
von mir selbst und anderen zugefügt
DU hast mich emporgezogen
als ich mich verzweifelt hielt
an windige versprechen und falsche hoffnungen
als mir der absturz drohte
und ich dalag
keinen schritt mehr weiter wollte
da hast DU mich gepackt
und auf die füße gestellt
wieder einmal
herausgerissen
aus dem elend
und mir beine gemacht
vorwärts

30,3

meine feinde

in diesem kampf
um leben und tod
eine belagerung
feindliche besatzung
in mir
wie soll ich mich wehren
gegen feinde
die ich zwar benennen kann
aber nicht im blick
und nicht im griff habe
wenn sie mich von innen angreifen
heimtückisch
meine abwehr hintergehen
und sich bösartig einnisten
wirst DU
mein leben
mir zum verbündeten
so verlässlich
dass DU es
mit mir austrägst
und ich es
überstehe

scherbengericht

blieb nicht viel
von meiner schale
hoffnung
gewogen und zu leicht befunden
lastete schwer
auf meiner dünnen haut
die ersten risse
trugen das zerbrechen
in sich das los
der scherben
ohne halt
den schnitt ins
eigene fleisch
bleibt nicht mehr
von meiner schale
hoffnung
als dieses bruchstück
in der wunde:
mit herzblut gezeichnete
anleihe auf zukunft

„die finsternis vergeht und das wahre licht scheint jetzt" (1 joh 2,8)
öl, 100 × 120 cm

... das wahre licht ...

schutzengel

ich brauche niemand
der mir eine versicherung abschließt
ich brauche niemand
der mich mit warnhinweisen nervt
ich brauche niemand
der mich mit fürsorglichkeit belagert

ich brauche einen blick
der mir mut macht
ich brauche ein wort
das die sprachlosigkeit aufhebt
ich brauche rückenwind
für meine tägliche etappe leben
das gute, GOTT, das von DIR kommt
braucht keine flügel
ich treffe es da und dort
kaum gesehen
schon wieder fort
hinterlässt es deine spuren in mir
danke, GOTT, für das gute
das von DIR kommt

lebensrhythmus
öl, 80 × 100 cm

lebensrhythmus

heilwerden über die jahre

wechseljahrpsalm

1 [nach der weise von ps 102
  von frauen zu singen]

2 meine LIEBE hörst du mich
  dringt mein klagen bis zur dir

3 wende dich nicht von mir ab
  wenn es mir schlecht geht
  höre mir zu
  wenn niemand zuhören will

4 meine tage schwinden wie rauch
  meine zeit zerrinnt wie sand zwischen den fingern

5 ausgebrannt bin ich
  und mein herz verdorrt
  freudlosigkeit ist mein täglich brot

6 wenn ich so weitermache
  bin ich irgendwann
  nur noch ein schatten meiner selbst

7 ein zerrupftes jämmerliches tier
  gefangen in der ödnis
  eigener unzufriedenheit

8 nachts liege ich wach
  wie fledermäuse jagen
  meine gedanken durchs dunkel geplatzter träume

9 tags stöhne ich unter dem druck
  dem ich ausgesetzt bin
  die jüngeren machen mich nieder

10 ich soll mich ducken
    soll meinen kopf einziehen
    meinen platz freimachen

11 meine LIEBE
    bin ich von allen guten geistern verlassen
    den deinen und den meinen
    was ist geblieben von den großen zielen

12 meine tage schwinden dahin wie schatten
    und ich werde alt und grau zur unzeit

13 aber du
    meine LIEBE
    bleibst jung und lebendig
    seit menschen sich nach dir verzehren

14 du wirst dich aufmachen zu mir
    und mich wieder aufblühen lassen
    jetzt
    dich meines brachliegenden schoßes erbarmen

15 des alternden leibs
    dem die fliegende hitze zusetzt
    und die müdigkeit zur fessel wird

16 wenn du mich neu belebst meine LIEBE
    dann wird mir das leben wieder zum fest
    wer kann sich dir entziehen

17 wenn ich durch dich
    zu strahlen beginne
    stark und schön in meinem altern

18   du bist verlässlich und treu
und neigst dich denen zu
die sich ausstrecken nach dir

19   das sei eingebrannt in mein gedächtnis
und in die erinnerung aller nachgeborenen
dir zum ruhm

20   du meine LIEBE verschenkst dich
in uns
dass himmel und erde zusammenkommen

21   dass wir
gefangene unserer selbst
frei werden über den tod hinaus

22   so machst du dich uns zu eigen
lässt uns singen und reden von dir
dich loben

23   über die ganze erde hinweg
überall wo frauen
erfahrungen teilen und geschick

24   wenn auch meine kraft allmählich vergeht
und ich spüre
dass meine zeit bemessen ist

25   sage ich zu dir meine LIEBE
halte mich am leben
in fülle über tag und jahr hinaus

26 himmel und erde
hast du zu deiner freude ins dasein gebracht
einstmals

27 dereinst werden sie vergehen
kommen und gehen wie moden
aber du meine LIEBE
du bleibst

28 du bleibst
die du bist
jenseits von zeit und raum
unendlich endlos unbeendet

29 und die du beheimatest
werden nicht zunichte werden
bei dir
meine LIEBE

zuflucht im alter

zuflucht im alter

nach psalm 71,
übertragen von gabriele miller

DU ich suche DICH
lass mich nicht scheitern
hilf mir DU bist ja gerecht
hör mir zu und hilf mir
werde mir zur felsenburg
DU hast versprochen
mir zu helfen
DU mein fels – DU meine burg
rette mich aus der faust der schurken
ich vertraue auf DICH seit kindertagen
ich verlasse mich auf DICH
den ganzen tag
ich verlasse mich auf DICH
krank und alt wie ich bin
auf DICH stütze ich mich seit ich lebe
ich lobe DICH
DU bist mein fluchtort
nimm mich an
auch wenn ich alt werde
auch wenn sie schlecht von mir reden
DU hast mich nicht verlassen
eile mir zur hilfe
wenn sie mich verfolgen
wer mein unglück sucht
soll selber scheitern
ich will hoffen zu DEINEM ruhm
will von DEINER gerechtigkeit reden
und DEINEN wohltaten ohne ende
ich will DEINEN ruhm noch größer herausstellen
alle tage soll mein mund DEINE wohltaten rühmen
nicht zu zählen

auch im haus gottes will ich DICH rühmen
wie einst gelernt
will ich heute verkünden – alt und grau
GOTT
verlass mich nicht
ich künde von DEINER stärke
DEINE gerechtigkeit ist größer
als alles bekannte
das will ich loben
mein GOTT
wer bist DU
angst und not hab ich erfahren
belebe mich neu
ich will DIR danken
mit gesang und saitenspiel
meine lippen sollen DICH loben
meine seele ebenso
den ganzen tag
DEINE gerechtigkeit
alle
die auf mein unglück warten
müssen vor scham rot werden
müssen scheitern

inferno
acryl, 70 × 80 cm

inferno

abstieg in das reich des todes

ein witz
derart hoffnungslose
auf einen grünen zweig
bringen zu wollen
eine illusion
den vielen ausgeschlossenen
eine letzte tür
aufhalten zu können
ein irrsinn
mit dem großen sterben
umzuspringen wie
mit einem dummen teufel
ohne wissen
was gespielt wird
zwischen freitagabend
und sonntagmorgen
wenn der himmel
an die hölle rührt
bleibt
ihr
nichts
als aufbegehren:
ostern
beginnt
hier unten